AF258678

COUP D'ŒIL CRITIQUE

SUR LE

PROJET DE BUDGET SPÉCIAL

POUR 1905

L'équilibre du projet de budget voté par les Assemblées financières algériennes (Délégations et Conseil supérieur) et portant fixation des recettes et des dépenses pour l'exercice 1905, se traduit par l'équation :

$$71.778.913 = 71.703.406 + 75.507$$

RECETTES — DÉPENSES — EXCÉDENT

RECETTES

Les recettes ordinaires et extraordinaires prévues au premier projet de budget spécial présenté par l'administration pour 1905 s'élèvent à l'ensemble de 70.260.196 francs (p. 25), en augmentation de 5.162.964 francs sur le budget de 1904, qui était de 65.097.532 francs.

Les Recettes Ordinaires se chiffrent par 58.060.496 francs.

Les Recettes Extraordinaires se chiffrent par 12.200.000 francs, ces dernières provenant pour 11.000.000 francs des fonds d'emprunt, et pour 1.200.000 francs de l'excédent des fonds de réserve.

Les budgets votés par les Assemblées financières algériennes modifient ainsi qu'il suit, les chiffres du projet qui leur avait été soumis :

> Recettes ordinaires........ 59.578.913 fr.
> Recettes extraordinaires... 12.200.000
> Recettes totales.... 71.778.913 fr.

Cette augmentation de : 1.518.417 fr. provient pour :

118.417 frs. des produits des monopoles et exploitations industrielles de l'État ;

300.000 frs. des intérêts provenant des obligations du Trésor achetées avec les fonds d'emprunt ;

1.100.000 frs. du produit net du réseau des chemins de fer exploités par l'État en Algérie (recette d'ordre proprement dite).

Sur la différence en plus qui ressort de la comparaison des budgets 1905 et 1904 : 2.962.964 frs. incombent seuls à *l'augmentation normale* des recettes ordinaires.

Ce chiffre, lui-même, ne saurait être pris comme une plus-value absolue, car il comprend :

des recettes accidentelles, telle que celle provenant de l'incorporation au budget de l'excédent des recettes du fonds commun vétérinaire (p. 35, 74), et qui produit 579.592 francs ;

des recettes résultant — quoiqu'on en ait dit — *d'impôts nouveaux*, ainsi : la surtaxe relative au timbre, à l'enregistrement des actes et jugements en matière musulmane, (p. 5, 60,) certaines modifications concernant la taxe sur le revenu des valeurs mobilières, (p. 29, 60), constituent une différence en plus, voisine de 500.000 francs ;

des recettes momentanées (p. 59) :

les centimes additionnels extraordinaires affectés à des œuvres intéressant la population indigène et dont la perception n'est autorisée que pour une durée de cinq ans, 712.622 francs.

A ces rentrées exceptionnelles vient s'ajouter l'effet de toutes les décisions concernant la matière imposable, lois ou décrets rendus depuis 1902, et qui produisent d'importantes différences en plus :

La surtaxe des alcools (p. 66), 542.595 francs ;

Les droits de douane à l'importation, sur des marchandises diverses, (p. 64), 677.739 fr. (1)

La taxe de 8 0/0 sur les lots payés aux créanciers et aux porteurs d'obligations, effets publics et tous autres titres d'emprunt (décret du 31 Mars 1902);

Les centimes additionnels aux patentes, pour constituer un fonds de garantie en faveur des ouvriers victimes d'accidents ;

Les droits perçus en vertu du décret des 21 Mars et 27 février 1902, ce dernier relatif aux échanges d'immeubles ruraux ;

Les perceptions frappées en vertu des décrets du 25 Novembre 1902, 12 Mai 1902, 15 Décembre 1902, 28 Janvier 1903, 29 Mars 1903 ;

L'incorporation du fonds commun vétérinaire sanitaire — produit de la taxe de visite à l'importation et à l'exportation (p, 74) ; 385.000 francs ;

Le produit de la mise en valeur et de l'exploitation des forêts (p. 72), fournit le gros apport, peut être exceptionnel de 575.429 francs.

La progression des contributions arabes (p. 59), ne se chiffre que par 101.094 francs, si tant est que la mortalité du bétail et la bizarrerie des climatures au cours de 1903-1904, ne réduise pas cette différence à zéro, puisque des rapports officiels font déjà connaître que l'impôt arabe de l'année dernière n'est rentré que dans la proportion de 60 0/0.

Quoiqu'il en soit, et fort heureusement pour les contribuables comme pour le prestige de l'Administration, grâce au recouvrement de tous ces produits, il a été possible d'établir le projet de budget pour 1905, en ramenant au chiffre de la France, c'est-à-dire : 27 francs, la somme des droits d'accise et d'octroi de mer sur le sucre, *tout en donnant au public l'illusion qu'il n'y avait pas d'impôts nouveaux.* (2)

C'est toujours un an de répit !

Aussi bien, la détaxe du sucre déterminerait dans la consommation une augmentation capable de neutraliser promptement la brèche de 1.190.823 francs creusée dans le budget par la diminution des droits, que le fait ne surprendrait pas autrement, surtout eu égard à l'énorme extension prise par la fabrication des vins de sucre.

Les recettes nouvelles qui viennent d'être énoncées, l'abaissement à 27 francs, *à partir de 1905*, des taxes totales frappant les sucres, telles sont les deux principales caractéristiques du nouveau projet de budget pour 1905, auxquelles il convient d'ajouter :

---

(1) Cette supputation d'énorme plus-value sur les droits de douanes est basée sur une simple conception financière des rédacteurs du budget ; elle est en tout cas contredite par le résultat des perceptions opérées pendant les quatre premiers mois de 1904 qui réduisent l'augmentation probable à 221.511 fr., alors que la moyenne des cinq dernières années (1897-1902) devrait même ramener cette majoration à 76.000 fr.

(2) L'impôt sur la propriété non bâtie est à l'ordre du jour. Il est dans le programme que le Gouverneur général avait déjà tracé, dans son rapport sur le budget de l'Algérie (séance du 12 juillet 1892.) Il ne frapperait que les européens et consisterait en centimes additionnels calculés sur un principal fictif établi sur la contenance déclarée des terres et leur division en 4 classes, d'après la nature des cultures.

L'inscription au budget des dépenses du montant de la garantie d'intérêts à payer aux Compagnies de chemins de fer et

le prélèvement de 1.200.000 à la caisse des excédents de réserve, au titre de recettes extraordinaires (p. 56,45) pour dépenses de même nature.

Quelles que soient les causes — légitimes ou vicieuses — qui aient déterminé les versements de 9.890.310 fr. 05 à la caisse de réserve, pour les exercices budgétaires de 1901 et 1902, on ne se trouve pas moins en présence d'un fait accompli. (1)

**

On sait que cette Caisse ne devait pas posséder plus de 5 millions, et qu'au delà, l'excédent revenait pour un tiers à l'Etat, deux tiers au budget spécial de l'Algérie.

Par suite, l'excédent de la Réserve afférent aux budgets de 1901, 1902 égale : 9.890.310 fr. 05 moins 5.000.000 fr. soit : 4.890.310 fr. 05, dont les 2/3, c'est-à-dire 3.260.206 fr. 70 restent aux finances algériennes.

Sur cette somme, il a été prélevé 874.700 fr. :

100.000 fr. pour secourir divers agriculteurs ;

400.000 fr. pour les fêtes du voyage présidentiel ;

374.700 fr. à verser à la caisse des pensions civiles.

Il demeure donc disponible de ce chef :

3.260.206 fr. 70 — 874.700 = 2.385.506 fr. 70 et c'est sur ce reliquat que le budget de 1905, prélève les 1.200.000 fr. énoncés.

A ce sujet, on peut se demander si quelque difficulté ne surgira pas, puisqu'il a été décidé que le fonds de réserve serait désormais porté à 10 millions ?

D'autre part, la situation de l'exercice de 1903 ferait ressortir en écritures un excédent de budget voté de.......... 774.572 fr.

et une plus-value de recettes, au 31 décembre 1903, de................................ 4.198.330 fr. 96

Total...... ...... 4.972.902 fr. 96

Les crédits pour dépenses d'exercices clos étant de. 464.929 fr. 82

il existe donc, au 31 décembre 1903, une disponibilité nouvelle de................................ 4.507.973 fr. 14

à laquelle on ne peut cependant toucher qu'après règlement définitif des budgets. (2)

A cette disponibilité doit encore venir s'ajouter, indépendamment d'une prévision de 700.000 fr., erronément inscrite au titre de remboursement d'avance par l'Etat, au service de la propriété indigène (rapport La Batut, p. 69, 80. Duperies officielles 1904, p. 19) l'annulation des crédits qui n'ont pu être employes et qui (p. 47) ne sera pas moindre de : 3 500.000 fr.

Par suite, le règlement de l'exercice 1903, se traduira par un excédent de recettes supérieur à *huit millions* (3). Ce résultat est fait pour surprendre.

---

(1) La somme inscrite au projet de budget diffère de celle donnée par M. de Solliers, qui, dans son rapport général n'accuse que : 8.190.310 fr. A qui incombe l'erreur ?

(2) Le chiffre puisé au projet de budget diffère de celui indiqué par M. de Sollier dans son rapport général : 4.194.330 fr. 96.

(3) Le rapporteur général du budget n'accuse qu'un peu plus de six millions. Il est bizarre que la comparaison de deux documents officiels permette de constater d'aussi grandes divergences.

Certes, les récoltes en céréales de 1900, 1901, 1902, 1903 dont la moyenne : 21.337.000 quintaux est de beaucoup supérieure à la récolte décennale moyenne (15.721.000 quintaux) ont déterminé un bien-être dont la conséquence s'est manifestée par un plus grand mouvement de fonds, par une rentrée plus abondante des impôts. Mais d'un autre côté, le produit de la vigne a subi des fluctuations qui se sont neutralisées.

Ce chiffre résiduaire d'excédent est tellement colossal, tellement éloigné des supputations les plus optimistes qu'on est amené à se demander s'il n'est pas dû à un habile jeu de chiffres impossible à contrôler sans comptes administratifs, à d'audacieuses conceptions financières, à des affirmations dont l'Administration ne se hâte pas de fournir les preuves.

Aux termes de la loi du 19 décembre 1900, art. 14, et de l'art. 84 du décret du 16 janvier 1902, le compte administratif de chaque exercice doit être soumis successivement aux Délégations financières et au Conseil supérieur, au cours de la session ordinaire qui suit la clôture de l'exercice. En 1903, l'administration aurait dû produire les comptes administratifs de 1902 ; à la session de mai 1904, le compte administratif de 1903. Or, à cet instant, aucun de ces comptes n'a été soumis. Bien plus. Ces comptes comportent des pièces justificatives notamment pour les dépenses du personnel : états d'effectif ou nominatifs énonçant le grade ou l'emploi ; la position de présence ou d'absence ; le service fait, etc., etc. Ces pièces ont été demandées en cours de session. L'administration s'est dérobée par la tangente et a pu échapper ainsi aux questions gênantes que certaines nominations scandaleuses et décourageantes pour le personnel, auraient vraisemblablement suscitées.

Quoiqu'il en soit de ces choses, que doit-on penser d'une méthode qui jette un pareil flottement dans la machine financière ?

N'est-il pas étrange de voir manipuler les fonds publics à l'aide de procédés aussi élastiques, par des calculs approchés à quelque six millions près ?

N'est-il pas illogique de réaliser des emprunts alors qu'on possède des économies supérieures même aux facultés d'utilisation ? alors que les services n'ont pu mettre au point les études relatives à l'emploi des fonds !

Les 15 millions disponibles depuis juillet 1902, n'ont pu, faute de projets en état, être utilisés totalement au cours de 1903. Le seront-ils en 1904 ? Sera-t-on prêt, pour affecter, *conformément aux prescriptions budgétaires*, les sommes à provenir de . 2ª tranche d'emprunt, à réaliser au cours du 2ª semestre 1904 ?

Et ces affectations budgétaires, comment sont-elles satisfaites ?

Le public — qui a le droit d'être renseigné — ignore tout de cela car aucune publication officielle ne lui fait connaître sincèrement où va l'argent.

Les délégations financières opèrent à huis clos comme si elles avaient quelques faits scabreux à cacher.

Aussi bien, la consolidation de pareils excédents est d'autant plus regrettable qu'il est des dépenses urgentes, depuis plusieurs années, auxquelles on aurait dû pouvoir les appliquer sans différer.

Alors, si l'on ne peut employer plus de 10 millions par an et puisqu'il y a 8 à 10 millions d'excédents de Réserve, c'est-à-dire plus que les services n'ont de projets susceptibles de réalisation, on se demande à quoi rime l'émission de la deuxième tranche d'emprunt ? pourquoi tant de précipitation qui se traduit par des pertes d'intérêt, des immobilisations de capital ?

Pourquoi ?

Mais précisément sans doute, pour avoir un stock disponible en dehors de tout contrôle.

_

A Kaiserslauten, Bonaparte, discutant avec l'ambassadeur d'Autriche, brisa à ses pieds un précieux service de Nymphenburg en s'écriant : « Oui, monsieur ! nous traitons de vous, chez vous et sans vous. »

N'est-ce pas le rêve des Gouverneurs généraux nouveau style ?

Aussi bien pensent-ils le pouvoir réaliser. Qui donc les en empêcherait ? « En Algérie les hommes de loisir sont rares ; les hommes qui n'ont rien « à espérer ou à craindre du pouvoir le sont aussi ; une partie des colons « est dispersée ; le reste constitue une masse trop peu importante par le « nombre et la somme des compétences au regard du corps des fonction- « naires ; on ne peut dire qu'il y ait une opinion publique. » (1)

Eh bien non ! il est quelques volontés, saines et indépendantes, qui, en dépit de ces affirmations, suffiront à la tâche et qui, sans passion comme sans arrière-pensée, n'hésiteront pas à continuer la lutte pour la défense des principes républicains et le respect de la vérité.

Celle-ci n'est pas, comme les discours triomphateurs, placardée sur les murs des villes — et même imprimés avant les votes d'affichage — ; on sait qu'elle est souvent tenue aux fonds des puits ; mais de ces profondeurs, des lueurs irradient dans l'espace et entraînent quelques germes féconds.

Le budget de 1905 en reflète quelques traces.

C'est ainsi que le Conseil d'Etat n'a accordé que pour cinq années, la perception des centimes additionnels autrefois affectés à la constitution de la propriété indigène, afin de constater à cette époque si les besoins spéciaux invoqués pour cette charge, n'ont pas cessé d'exister (Dup. off. p. 41).

---

(1) Rapport de M. le député Jonnart sur le budget de l'Algérie ; *Journal officiel* ; séance du 12 juillet 1892.

C'est ainsi que les grosses réparations pour l'entretien des routes et pour lesquelles quinze cent mille francs seraient nécessaires (Dup. off. p. 10) sont l'objet d'un relèvement aux crédits annuels, « le Gouvernement ne « trouvant pas à ces dépenses d'entretien, d'ordre permanent, se renouve- « lant chaque année et même s'accroissant du fait des travaux neufs, le « caractère exceptionnel des dépenses qui peuvent être imputées sur les « excédents des fonds de réserve. Aussi bien le Gouverneur Général « ajoute-t-il (p. 20) : cette augmentation proposée a surtout pour objet « de combler l'insuffisance créée par *l'expédient* ayant consisté à reporter « au chapitre des dépenses extraordinaires, la plus grande partie de l'al- « location destinée aux grosses réparations. S'il n'est pas possible de « remédier pour l'année courante à cette situation fâcheuse, l'obligation « impérieuse s'impose pour 1905. »

L'aveu est à retenir.

C'est ainsi qu'a été effectuée une annulation de 367.040 fr. 67, pour cette raison qu'on avait inscrit au budget un crédit de 700.000 fr. au titre de remboursement de l'avance consentie par l'Etat au service de la propriété indigène, alors qu'il ne restait dû qu'une somme de 332.958 fr. 23, si tant est que l'Etat ne fut pas lui-même débiteur. (Dup. off. p. 19).

C'est ainsi que les intérêts provenant des obligations du Trésor achetées sur les fonds d'emprunt (p. 36, 74) et constituant une recette importante sont inscrites cette année au § 5 des ressources exceptionnelles. (Dup. off. p. 18).

C'est ainsi encore qu'en incitant les individualités à prendre la part qui leur incombe dans l'exercice de la Souveraineté Populaire, le véritable esprit républicain s'infiltrera mieux dans la masse et qu'on le libérera d'autant plus de la servitude, des superstitions,...... qu'il s'agisse des fantoches de la terre ou des fantômes du ciel.

DÉPENSES

Dans son rapport sur le budget spécial de l'Algérie, pour 1904, M. de La Batut, député, s'exprime ainsi (p. 3) : « Bien que le Parlement « ne soit pas appelé à approuver le budget des *dépenses algériennes*, il « nous parait indispensable que le projet nous en soit communiqué, sous « forme d'annexe, au projet de fixation des recettes..... Aux termes « de la Loi du 19 décembre 1900, le budget ... est réglé par décret.... « Le Parlement n'a plus à intervenir que pour autoriser chaque année « la perception des droits, produits et revenus...... Pour les divers « problèmes actuellement soulevés,..... dans la mesure où leur solution « dépend du budget, le soin en a été remis aux autorités algériennes. « C'est par le libre accord du *Gouverneur Général et des* **Français** « **d'Afrique** que ces problèmes pourront être le plus justement appro- « fondis et résolus...... le vote de la Loi autorisant la perception des « impôts est pour le Parlement l'occasion d'être tenu au courant des affaires « algériennes, d'être appelé officiellement à en délibérer, d'exercer un « droit de regard sur le budget de la Colonie. »

Si tel est et demeure l'état d'esprit du Parlement, nous ne craignons pas d'affirmer que cette compréhension de la condition algérienne, conduira aux plus détestables résultats.

Il ne s'agit pas de soutenir qu'on fait ici un essai loyal et sincère de République fédérale, par une décentralisation très large.

Nul n'ignore en effet que par leur composition — un tiers de fonction- naires, un tiers d'indigènes, un tiers de membres élus sous la pression de l'Administration et pour la majeure partie, demi-fonctionnaires — les Délégations financières ne font rien autre que d'enregistrer la volonté du Gouverneur Général qui dès lors — lui ou l'anonymat des bureaux — s'abrite derrière le paravent, derrière l'équivoque créée, pour soutenir au nom de l'opinion publique, les mesures qu'en haut lieu on a résolu de faire aboutir.

C'est donc la dictature intronisée sous les couleurs républicaines.

Aux yeux des indigènes, ce sont les Délégués musulmans imposant leurs volontés aux élus des Français, mais en dernière analyse, c'est peut-être autre chose.

D'aucuns, brasseurs d'affaires coloniales, faciles à conclure dans une entente cordiale ; d'autres, rêvant du développement de l'Algérie selon la formule Australienne et, constatant du reste l'inertie sinon l'indifférence de la France..... ont pensé tout simplement que pour réaliser leur conception intéressée..... ou grandiose, il n'y avait qu'à tourner la difficulté. Et ce détour a consisté à doter l'Algérie de la personnalité civile qui lui permit de s'endetter jusqu'à la garde, après quoi, forcée de s'im- poser par delà le pommeau, et malgré tout acculée à la crise extrême, bon gré, mal gré, l'intervention financière de la France deviendra nécessaire,... et le mine de l'expérience aura ainsi été joué !

S'il existe encore quelques doutes dans l'esprit de ceux qui, pour leur tranquillité comme pour leur avantage, sont toujours enclins à appuyer le Pouvoir, les lignes suivantes, d'origine officielle, publiées dans l'importante "Revue générale des Sciences" (n° du 15 février 1904), suffiront à dessiller les yeux et à fixer les plus incrédules sur les tendances du Gouvernement Général comme sur le but qu'il poursuit :

« .... Une évolution heureuse s'accomplit dans les métholes de
« gouvernement et d'administration de l'Algérie. On abandonne une
« double assimilation reconnue enfin impossible : celle des Arabes avec
« notre civilisation et celle de la Colonie avec la Métropole. Cette dernière,
« qui avait fait appliquer à l'Algérie *le ridicule système* des "rattache-
« ments" ne cessera entièrement que par la *disparition des départements*
« — selon le vœu des Délégations financières — suivie de *la suppression*
« *de leurs députés et sénateurs.* Les *pouvoirs du Gouverneur Général*
« *s'élargissent de plus en plus,* en attendant la création d'une Assemblée
« Coloniale, *représentation des intérêts économiques* du pays. Déjà, la
« Loi du 19 décembre 1900, a institué un budget spécial discuté et pré-
« paré par les Délégations financières et qui depuis 1901, cesse d'être
« compris dans le budget de l'État français.... »

Pouvoirs dictatoriaux du Gouverneur Général ; simple représentation des intérêts économiques..... pourquoi ne pas écrire :

Article unique. — En Algérie, l'Empire est rétabli.

Pour être nettement éclairé sur les tendances gubernatoriales, on n'a qu'à lire le rapport que fit M. le député Jonnart, sur le budget de l'Algérie, séance du 12 juillet 1892. Les idées autoritaires qui s'y trouvent exprimées surprendront sans doute les esprits républicains, surtout quand ils s'apercevront qu'elles ne sont rien autre que la reproduction fidèle, littérale, du discours sur l'Algérie prononcé au Sénat en janvier 1870, par M. A. Béhic, ministre de l'Empereur.

Quoiqu'il en soit des causes premières, la voie sur laquelle on a aiguillé l'Algérie n'en est pas moins déplorable.

Sous le rapport matériel, les effets de l'ordre nouveau n'ont encore apparu que sous les espèces de dix millions d'impôts supplémentaires.

Sous le rapport moral, bien aveugle qui ne discernerait pas les périls à l'horizon.

Non pas, certes comme on l'a machinalement répété que les Algériens songent au Séparatisme. Avec cinq millions d'indigènes à revers, la pensée ne leur est jamais venue de réé... ter un jour les fastes glorieuses de l'Indépendance américaine, pourtant soulèvement contre la Mère Patrie!

Le danger n'est pas là.

Il réside dans l'indifférence nationale que les différenciations multiples qu'on s'ingénie à établir entre la France et les départements de la région algérienne, développent automatiquement.

Il réside dans cette absence d'attachement patriotique, duquel il résulterait, qu'en cas de conflagration européenne, beaucoup se demanderaient quel intérêt ils ont à défendre la terre algérienne contre l'envahisseur étranger.

Séparés géographiquement et gouvernementalement de la France, n'estimeraient-ils pas qu'ils seraient aussi bien administrés Anglais, Allemands, Espagnols, Italiens, qu'ils sont actuellement administrés Français ?

On ne saurait du reste leur en vouloir de cet état psychique car tout est combiné comme s'il s'agissait de le déterminer.

Voilà le vrai danger ! et voilà pourquoi nous nous élevons sans perdre courage, contre toutes ces conceptions hybrides aussi nuisibles à la mentalité républicaine de la masse qu'à l'enracinement de l'esprit français.

Le Budget des dépenses pour 1905 se chiffre par 70.198.540 fr. contre 65.053.066 fr. en 1904 (1), (p. 15, 46) ; soit 5.145.474 de différence en plus.

Sur cette somme il y a :

12.000.000 de dép. extraordinaires facultatives ;
28.385.339 de dépenses obligatoires ;
29.813.201   do   facultatives.

D'autres groupements de chiffres donnent les indications suivantes :

	DÉPENSES		
	Obligatoires	Facultatives	Totales
Dette	1.200.000	640.000	1.840 000
Administration proprement dite :			
Gouvernement général. Administration centrale, Intérieur, Affaires indigènes	19.437.737	5.489.141	24.926.878
Services administratifs :			
Finances, Postes, Travaux publics, Agriculture	7.747.602	23.134.060	30.881.662
Dépenses éventuelles		350.000	350.000
Dépenses extraordinaires			12.200.000

(1) Le budget voté s'élève en dépenses à : 71.713.106 fr.
Les augmentations sur le budget primitif visent particulièrement les chapitres suivants :

Section II, ch. 5 : Office du gouvernement général à Paris............... 58.000 fr.
Section III, ch. 18 : Beaux-arts. 32.000
Section VII, ch. 7 : Travaux neufs 167.000
       ch. 9 : Travaux hydrauliques 71.000
       ch. 13 : Travaux chemins de fer franco-algérienne 663.000
       ch. 14 : Participation de l'Algérie à la garantie d'intérêt concernant
          les chemins de fer (1.115.000 — 680.000) = ... 435.000
Section VIII, ch. 33 : Travaux de colonisation............................ 134.000
                                    1.850.000

Le personnel du service des Travaux Publics absorbe 1.839.100 fr.
pour réaliser 13.827.070 fr. de Travaux soit 13,3 0/0 des crédits ouverts
à la SECTION VII.

Le personnel des eaux et forets coûte............	2 990.000 fr.
Il rapporte....................................	2.928.619
Le personnel des Contributions directes coûte.....	2.529.129
Il rapporte....................................	8.521.279
Le service des Douanes coûte....................	1.675.891
Il rapporte....................................	11.919.040

L'augmentation des dépenses par rapport au budget
de 1904 est de.............................. 5.145.474
Dont, pour les dépenses extraordinaires.......... 2.200.000
Ordinaires 2.945.474

Cette différence en plus des dépenses ordinaires se décompose sommairement comme suit :

Service de la dette...........................	600.000 fr.
Postes et Télégraphes........................	607.738
Nouveau régime des chemins de fer..............	1.000.000
Travaux publics..............................	136.000
Ecole coloniale d'agriculture	300.000
Personnel du service de la colonisation..........	145.000
Divers.......................................	156.736
	2.945.474 fr.

.*.

SECTION I. Dette (p. 106).

600.000 fr. sont prévus en plus, pour faire face à la 1/2 annuité de
l'emprunt de 15.000.000 fr. qui doit être émis, dans le 2ᵉ semestre de
1904.

Il est à désirer qu'au cours de cet exercice budgétaire, les fonds d'emprunt soient totalement utilisés, conformément aux prescriptions budgétaires, au lieu de faire l'objet d'annulations de crédit et de versements à la
Caisse de Réserve, ainsi que cela a eu lieu précédemment. On doit
également espérer que les chapitres divers du budget ordinaire sur lesquels
on a prélevé les sommes destinées à constituer l'annuité de l'emprunt,
auront les travaux qui leur incombaient à titre ordinaire, exécutés sur les
fonds qui leur sont théoriquement destinés.

SECTION II. (Gouvernement Général et administration centrale, p. 110).

Les crédits pour 1905 ne dépassent pas ceux alloués en 1904 (1). Il y a bien, porté en moins, le crédit de 20.000 fr. absorbé en 1904 par la reconstitution du mobilier et des ouvrages détruits par l'incendie de la rue Bruce, mais comme il serait souverainement imprudent — pour le service — de diminuer le chiffre global du crédit, il surgit aussitôt des raisons excellentes pour motiver la réinscription de ces 20 000 fr. Il s'agit dans ce cas, de primes pour la langue arabe attribuées aux instituteurs et de quelques milliers de francs pour les déplacements des délégués financiers.

Les Allemands ont proscrit la langue française en Alsace-Loraine et en quelques années ils ont germanisé le pays. Nous faisons l'inverse, il ne faut donc pas s'étonner des résultats obtenus..... à rebours.

Chaque année, le chap. 4 comporte 10.000 fr. pour l'entretien et le renouvellement du mobilier des deux palais d'Alger et de Mustapha.

Évidemment, c'est une rubrique pour rire, car habituellement on n'y entretient pas pour dix mille sous. Il est cependant en ce pays, des peintres, des sculpteurs, d'habiles ouvriers en ferronnerie d'art, qui pourraient laisser dans ces palais, la trace du génie français illuminé par l'ambiance algérienne..... si l'on appliquait à leur concours, une portion de cette rente annuelle, dont on ne perçoit pas nettement l'utilisation.... régulière.

Mais non ! quand il y a quelque emplette à faire, c'est à l'étranger qu'on recourt ! C'est la maison MAPLE AND C°, de Totteham, fourt road, LONDON, qui est le fournisseur de son Excellence gubernatoriale ! (2) Qu'un particulier, épris d'exotisme, s'adresse à cette importante et luxueuse fabrique qui a meublé, moyennant 2.500.000 fr. le Palace Hôtel des Champs Elysées : nul ne trouvera à redire, mais nous affirmons hautement qu'un Gouverneur général de l'Algérie n'a pas le droit de dépenser en Angleterre, pour sa maison administrative, les deniers fournis par les contribuables, alors que l'industrie française est en état de satisfaire à toutes ses exigences, si non avec autant de snobisme du moins avec plus de goût.

SECTION III : Intérieur (p. 136).

La différence en plus est de 49.363 fr.

Les augmentations proviennent du chapitre des cultes et surtout de l'instruction publique.

---

(1) In extremis est intervenue une proposition de dépense dont la nécessité ne s'était pas encore manifestée Il s'agit d'un nouveau chapitre 3 et o b.s, intitulé : Office du gouvernement général à Paris : 71.000 fr, flanqué de 11.000 francs pour sa réinstallation. Rien de commun avec l'Office des Renseignements, payé d'autre part, non plus qu'avec les frais de mission. Est-ce une reconstitution du cabinet qui coûtait autrefois 10.000 fr, il y a progrès ! Naturellement cela a été voté à mains levées et tendues. Total : 88.000 fr. pour sinécures, mis encore au compte des censitaires algériens, par le nouveau régime. Faut-il mentionner une bagatelle ? cent francs par jour de déplacement comptés au Gouverneur général...... environ 63 jours à cette date...... 5 mois bon an, mal an...... qui donc prétend qu'il n'y a rien de drôle dans notre système économique et spécial ??

(2) Certaines pièces officielles, imprimées, sont adressées au Gouverneur général, sous cette suscription : « A son excellence, M le Gouverneur général de l'Algérie. » Pourquoi pas ? Ne disait-on pas au vainqueur d'Arcole : Citoyen Bonaparte ! Citoyen Consul ?

Il y a réduction sur l'Assistance publique et sur le service pénitentiaire.

Une diminution de 100.000 fr. affecte les crédits du chap. 6 (p. 140) relatif au traitement dans les hôpitaux civils et militaires des malades indigents à la charge de la colonie.

Comme ces indigents ne disparaitront pas, il semble que cette charge retombera fatalement sur les communes Est-ce bien équitable, étant donné l'inégale répartition des indigents ? (1) Il est vrai que l'administration avoue avoir demandé pour 1901 un crédit trop exagéré qu'il est maintenant possible de réduire et qu'elle reconnait aussi une erreur de 17.000 fr. en ce qui concerne la ventilation des dépenses de l'Assistance avec le budget des territoires autonomes du Sud.

L'augmentation de 50.366 fr. du chap. 56 (p. 158) afférente au service des cultes est une simple fiction de comptabilité ; il s'agit en réalité d'un remploi de fonds provenant de la vente de l'ancien séminaire de Constantine et de l'affectation de ce produit à la construction d'un autre établissement en vue de la même destination.

Il y a aussi une différence en plus de 6 000 fr. (chap. 39 p. 158) relative à la création de deux nouveaux emplois de Rabbins, à Sétif et à Milianah, en exécution du décret du 21 septembre 1903, sur les consistoires israélites : c'est le seul profit — négatif — qu'on retirera vraisemblablement de la réforme.

Les 200.000 fr. supprimés sur le groupe Assistance et Service Penitentiaire, (chap. 6, 36, 39 p. 140, 158) sont neutralisés par les exigences toujours croissantes de l'Instruction publique, (chap. 45 et suivant p. 162).

Cent et quelques instituteurs ou institutrices créés pour 1904 — autant à nommer pour 1905 (p. 124) — nécessitent un supplément de crédit de 184 000 fr. Pareil supplément s'imposera au budget de 1906.

Vraiment, les congrégations qui élevaient gratuitement ou presque, méritaient un autre traitement.... il serait revenu moins cher. Hypothèse pour hypothèse.... nul n'a trouvé le dernier mot des énigmes de l'univers. Il est cependant une vérité empirique : l'évolution, et, à cette loi, les Eglises qui veulent durer et qui doivent durer, n'échappent pas plus que le reste des organismes.

Les frais de passage, réglementaires, attribués à l'instruction publique, (chap. 45 p. 163) exigent un crédit supérieur de 10.000 fr. à celui de 1904.

Si, même, il s'agissait de satisfaire tous les ayants droit, ce n'est pas 61.000 fr. qu'il aurait convenu de prévoir mais bien 79.600 fr.

Dès 1906 ce chiffre augmentera encore, et cette progression élèvera rapidement le crédit du chap. 45 aux environs de 120.000 fr.

Peut-être, à ce moment la force des choses obligera-t-elle à envisager la question de l'abrogation de cette faveur ou du moins l'adoption d'une réglementation restreinte à des cas très spéciaux.

---

(1) Ce crédit a été rétabli par les Assemblées financières.

Au fait, cette déclaration d'utilité publique des " passages " n'équivaut-elle pas à annoncer urbi et orbi que l'estivage en Algérie est nuisible ? Et s'il l'est pour les fonctionnaires, citadins, qu'en dire pour les colons ?.... mais au fait, que leur faut-il ? n'ont-ils pas des fièvres et des moustiquaires !

Le chap. 42 maintient au même chiffre le crédit relatif à Timgad : 50.000 fr.

Ne serait-il pas plus avantageux et même plus économique, d'affecter d'emblée, une forte somme à ces travaux qui présentent un grand intérêt et qui peuvent être en même temps une source de profits comme éléments d'étude et d'attraction ?

On peut bien trouver quelque part 50 000 fr. supplémentaires disponibles puisqu'il en va tant à la Réserve en fin d'exercice ! (1)

*
* *

SECTION IV, Affaires indigènes (p. 198).

Le gros morceau de cette section réside dans 75.000 francs de crédits en plus, pour l'instruction publique musulmane. Il est vrai que l'enseignement primaire des indigènes ne figure dans ce chiffre que pour 44.000 fr., la subvention pour le congrès des orientalistes d'Alger absorbe les 25.000 fr. complémentaires.

Certes, il est utile de seconder tout ce qui peut rehausser la renommée de la France dans le monde musulman et y répandre sa réputation de bienveillance pour tout ce qui touche à l'Islam, mais encore ne faudrait-il pas neutraliser les efforts développés et les sages mesures plus souvent prises en paroles qu'en action, par des actes officiels maladroits et blessants à l'égard de ceux qui se dénomment « vrais croyants ». Un exemple en passant :

Dernièrement le muphti a été décoré. Le représentant du Gouverneur Général a tenu à honorer ce haut dignitaire musulman en plaçant personnellement et en grande pompe sur la poitrine de Si ben Zakour, la croix de la Légion d'honneur.

C'est à la grande mosquée que la cérémonie s'est passée et que les palabres officiels ont été échangés.

Sans doute l'intention était excellente ; le fait n'en a pas moins causé un certain scandale dans le monde musulman ou du moins froissé profondément le sentiment religieux de la masse.

Vous en doutez ? Interrogez-vous et dites votre jugement, à quelque religion que vous apparteniez, juive, protestante, catholique ou tout autre, si un profane venait transformer votre temple de prière en un lieu d'exhibition !

---

(1) Ce crédit a été augmenté de 35.000 francs.

En prévision de l'avenir, il est prudent de ménager les esprits exaltés et de ne pas donner prétexte aux interprétations malveillantes.

Quand Titus s'empara d'Ierouschalym, le Temple devait être épargné. Or, dans le lieu saint, plein de merveilles tant vantées, un Quannaïte vit le général Romain, pressant dans ses bras la voluptueuse princesse Béréniké, et sur un rouleau de la Thora, accomplir avec elle l'œuvre d'amour. Saisi d'indigation, le Quannaïte s'empare d'un tison enflammé ; il lance le brandon par « *la fenêtre dorée* », incendiant et purifiant du même coup le Temple, du sacrilège épouvantable commis à la face d'Adonaï !

Le chapitre 24 art. 2 (p. 210) prévoit une augmentation de 7.560 fr. pour soldes des Makhzens de Maghrnia et d'El-Aricha.

Voici une voie de dépenses dans laquelle il faut se garder d'entrer, car l'adoption du principe entraînerait de coûteuses conséquences.

La défense de l'Algérie est affaire de souveraineté, quelque soit le nom fantaisiste sous lequel on la présente. Le Gouvernement Général prétend pouvoir y subvenir aussi efficacement et plus économiquement, en substituant l'organisation des Makhzens aux effectifs réguliers. Sur cette haute affirmation, le ministre de la guerre accepte cette manière de voir ; il réduit l'effectif des troupes ; c'est parfait, mais la solde des remplaçants n'incombe pas moins à son département. Ce serait trahir les intérêts financiers du Budget spécial que de lui imposer une dépense de souveraineté qu'il ne doit pas logiquement supporter.

Du reste, ce premier jalon serait bientôt suivi d'une ligne de file ; c'est l'acheminement occulte vers des tendances trop manifestes pour ne pas être saisies : transporter successivement au budget spécial *toutes les dépenses de l'Algérie*, y compris les cinquante millions de l'armée. En échange, elle aura l'Autonomie…..en étiquette.

Financiers : Garde à vous !

****

SECTION V, Finances (p. 216).

Le service des douanes, chap. 5 et 6 (p. 222) ne présente qu'une diminution globale de 69.470 fr. sur les crédits de 1904. Parmi les articles supprimés figure (p. 226) le crédit de 150.000 fr. affecté en 1904 à l'acquisition d'une *péniche* à vapeur dont l'achat, en Angleterre, s'imposait en vertu de l'entente cordiale, vraisemblablement.

L'achat de cette « péniche » autrefois inscrite au Lloyd sous le nom de « Maid of Honour », francisé sous le nom de « Marie-Rose », est un exemple typique du gaspillage qui préside à la gestion des deniers publics.

Il y avait autrefois en Alger, affectée au Service des Douanes pour la chasse aux contrebandiers, une goëlette à vapeur, peinte en noir, pour être moins visible, qui remplissait correctement son office. On venait de réparer sa coque, ses chaudières, et de dépenser à cet effet 15.000 fr., quand, tout à coup, le service la céda de gré à gré, au prix de 4.000 fr. !

C'était un peu moins que la valeur des chaudières. La coque cependant avait quelque valeur, puisque, telle qu'elle était au jour de la vente, elle fait actuellement le service de la côte, à la grande satisfaction des excursionnistes et de l'armateur.

Certes, ce fut là pour quelqu'un une bonne affaire : ce n'est pas de la douane dont il s'agit.

.*.

Mais, peut-être, perdait-on sur la vente pour se rattraper sur l'achat ?

Justement, M. W. K. Millar, Esq., 7, Albermarle Street, London, W. C., voulait se débarrasser de son yacht.

C'était une occasion : le « Maid of Honour (la demoiselle d'honneur) ; schooner à vapeur, inscrit dans la 1re classe, 100 A. I., du Lloyd, avec Cowes (Wight) comme port d'attache ; lancé le 5 mai 1891 dans les célèbres chantiers de Day Summers and Cᵒ, à Southampton ; gréé et voilé par Lapthorn et Ratsys, sur les plans de Dixon Kemps, ingénieurs; coque : acier ; longueur: 126 pieds, 8 pouces (1) ; largeur : 17 pieds, 7 pouces (2) ; tirant d'eau : 11 pieds, 1 pouce (3) ; jauge brute : 182 tonnes ; tonnage effectif : 93ᵗ,26 ; machine Compound verticale de la force de 43 chevaux nominaux (4) ; diamètre des cylindres..... .. course du piston....... surface des chaudières...... pression de la vapeur..... etc., etc., etc. ! ! ! !

Construit sur commande, pour remonter la Tamise jusqu'au domaine du riche Esquire, il avait coûté fort cher ; rien que la machine, au moins 1.000 francs par cheval vapeur nominal !

Ainsi parlait M. C. A. Boyer, ancien commissaire de la marine de l'Etat (5), qui a vendu au gouvernement algérien le « Maid of Honour », depuis « Marie-Rose ».

Il la tenait de M. B. Clerc, marchand de yachts, 4, rue Meyerbeer, Paris.

Lequel, B. Clerc, l'avait acquise, à titre d'intermédiaire, de M. W. K. Millar, à *prix resté secret*, mais qu'il n'est pas difficile de connaitre avec une grande approximation.

En effet, le « Maid of Honour » qui avait cessé de plaire à son propriétaire, était depuis quelque temps en vente sur le marché anglais.

Dans le catalogue (1902-1903) de MM. Scrutton and Sons, Gracechurch stʳ London ; sur la liste des navires disponibles de M. Borr, East India Av. London,

---

(1) 40ᵐ, 4.369.
(2) 6ᵐ, 9.596.
(3) 3ᵐ, 6.068.
(4) 172 chevaux vapeur indiqués sur les pistons.
(5) La *Dépêche Algérienne* du 28 mars 1903 écrit : Royne, et mentionne une machine de 350 chevaux au lieu de 172 constatés par la commission du Lloyd, lors de sa visite réglementaire à Cowes, en 1901 ! !

le « Maid of Honour » est en effet offert au prix de 3.500 liv. sterl. ; en bon français : 88.170 fr.

Les connaisseurs l'estiment à 75.000 fr.

Le projet de budget pour 1905, mentionne comme crédit d'achat réalisé : 150.000 fr.

La *Dépêche Algérienne* du 28 mars 1904, (1), dont les informations sont généralement sûres, sinon officielles, indique le prix de 149.000 fr., y compris les réparations et les aménagements.

Le compte administratif donnera le chiffre exact.

Assurément c'est une remarquable affaire !

Il ne nous convient pas de la traiter plus longuement.

*
* *

Avec çà, 88.000 fr. de douaniers en plus : il faut bien coloniser l'Algérie et pourvoir d'emplois certains insulaires de France Après tout, ce sont de bons électeurs

*
* *

SECTION VI, Postes et Télégraphes (p. 248).

Ici, un fait bizarre, qui se traduit par une augmentation de 181.155 fr. (ch. 1, § 3, p. 254) concernant le quart colonial touché par les agents du cadre métropolitain. « L'administration métropolitaine, est-il dit, n'ayant « pu, par suite de difficultés budgétaires, rappeler en France, qu'un nombre « très restreint d'agents en fonctions en « Algérie, et cette situation « s'étant aggravée par la constitution d'un cadre d'agents secondaires...» Il en résulte que le budget spécial est condamné à payer ce quart colonial... *usque ad mortem*, c'est-à-dire aussi longtemps que possible, vœu formulé malgré tout en faveur d'agents généralement très intéressants.

Aussi bien l'argument opposé est sans valeur car le cadre d'agents secondaires soi-disant constitué dans la Métropole, non seulement n'a pas été créé, mais il ne le sera certainement pas, la majorité du personnel étant hostile à cette innovation. La Métropole doit donc reprendre ses agents au fur et à mesure qu'ils sont mis à sa disposition. L'inscription au budget de crédit ci-dessus est par suite une surprise ou une complaisance blâmable.

Il est aussi une dépense de 52.000 fr. au titre : de remboursement à la Métropole pour frais de transit international télégraphique et postal. La fixation de ce chiffre manque de base, car il est bien certain que les correspondances algériennes ayant surtout lieu avec la France, on ne saurait fixer la part de dépenses de l'Algérie au moyen d'une simple règle de proportion.

---

(1) « ...... La « Marie-Rose » semblait réunir toutes les conditions demandées. Elle fut achetée au Havre, à M. Boyne, ancien Commissaire de la marine de l'Etat, pour la somme de 149.000 fr. » (*Dép. Alg*, 28 mars 1904, n° 6.512).

Il faudrait partir d'un chiffre exact ou du moins approché, chiffre que l'on n'a pas, la statistique concernant cet objet n'ayant jamais été faite.

En bloc, la SECTION VI comporte une différence en plus de 600.000 fr. Puisse-t-on être desservi pour l'amélioration que comporte ce chiffre ! Sans trop se compromettre, on peut affirmer : « cela sera », si toutefois, ces demoiselles du téléphone daignent prêter une oreille plus attentive à leurs clients..... par fil.

On sait que la participation de l'A'gérie dans les dépenses afférentes aux services maritimes postaux, entre la Fance et l'Algérie, (ch. 5. p. 258) est passée de 100.000 fr. en 1903 à 400.000 fr.

La classification des dépenses obligatoires, annexe à la loi de 1900 ne prévoyait cependant pas cette charge !

*
* *

SECTION VII. Travaux Publics (p. 264).

Voici un service qui reçoit 1.136.005 fr. de plus qu'en 1904.

A première vue on s'écrie : bravo ! mais à seconde vue, on s'aperçoit que, distraction faite du million absorbé par le nouveau régime des chemins de fer, il n'y a plus que 136.000 fr. d'augmentation réelle !

Tandis que l'Administration affirmait déjà, l'année dernière, avoir besoin de 900.000 fr., rien que pour les grosses réparations arriérées (p. 279) ; que des affirmations officielles antérieures accusaient du même chef, une nécessité d'au moins 1.500.000 fr., le projet de budget de 1905, ne reçoit en plus, pour l'ensemble de cet entretien, que 678.000 fr. (ch. 4, p. 178), sur lesquels, 300.000 fr. ne sont que le rétablissement d'un crédit transféré dans le budget de 1904, au ch. 7 des travaux neufs, lui-même diminué des sommes consolidant l'annuité. On voit la perturbation qu'entraine ce mode d'opérer, quand les fonds d'emprunt ne sont pas restitués aux travaux qu'ils devaient alimenter. Cependant, l'entretien des routes est une question vitale pour un pays neuf ; sans communications, pas de colonisation.

Cela a été si bien admis, théoriquement, qu'au budget de 1905, 40.000 fr. de traitement de fonctionnaires passent de la section des Travaux publics à la section colonisation. Mais il ne suffit pas d'une tendance théorique, il faut encore une réalisation pratique et à cet effet, de crédits prévus et utilisés. (1)

Le ch. 5, (p. 278) : Entretien des ports maritimes, phares, balises) est diminué de 200.000 fr., afin d'éviter — dit l'Administration — des annulations probables de crédit.

____

(1) Les assemblées financières ont augmenté le chap. 7 (trav. neufs sur routes) de : 137.000 fr.

Cette prudence n'est certainement pas dictée par le parfait état des ports — il en est où depuis trois mois on n'a pu embarquer — mais parce qu'il n'y a pas de projets prêts. Il semble qu'il aurait pu en être autrement.

Au chapitre 6 (p. 278), devait être inscrit, d'après le vœu des Délégations, un crédit de 115.000 fr. pour la création d'un service de sondages terrestres. L'Administration n'a pas cru pouvoir proposer cette inscription.

Cette décision parait rationnelle.

L'intervention du budget public est logique quand elle vise un objet d'utilité générale et immédiate que ne saurait remplir avec la même efficacité, l'initiative privée : le service des postes est l'exemple type. Mais pour tous les cas où cette initiative privée peut être appelée à agir, la collectivité ne doit pas intervenir.

L'avènement de la phalange rêvée par Ch. Fourrier est dans un lointain trop infini pour en accepter si vite les principes. Au nom de l'omniarchie future, tendre à anéantir l'individualité, c'est là une méthode dangereuse dont l'application conduirait aux plus grands déboires.

Les chap. 7, 8, 9 (travaux neufs des routes, des ports et d'hydraulique agricole, p. 280), subissent une réduction de 372.000 francs (1), qui doit être compensée par les fonds d'emprunt. Ce transfert ne présente aucun inconvénient majeur, à moins que, ainsi que cela s'est déjà vu au cours de ces dernières années, des causes diverses ne viennent empêcher la réalisation des travaux et l'utilisation des fonds d'emprunt qui — parait-il — servent surtout à faire face aux dépenses du budget ordinaire et à subvenir aux caprices gouvernementaux engageant sans contrôle l'argent des contribuables.

Le chapitre 10 (bâtiments civils et palais nationaux, p. 280), porte la radiation de 8.000 francs votés en 1904 pour étudier les causes de l'insalubrité du palais de Mustapha.

Qu'a-t-on trouvé pour ces 8.000 francs ?

A-t-on découvert quelque chose? oui.... que les légumes du palais étaient arrosés avec de l'eau d'une noria polluée !

Un hiverneur anglais, naturaliste, qui n'était pas du tout payé sur les 8.000 francs votés, a fait sur ce sujet une étude publiée dans une revue d'hygiène « *The contract Journal* ».

D'après l'analyse d'écailles d'huîtres ramassées au Palais, c'est à ce mollusque engraissé dans les parcs alimentés par le « sewage » et par suite, d'autant plus chargés en baccilles pathogènes qu'ils sont d'une qualité réputée supérieure, qu'il convient de rapporter tout le mal.

Le remède est dès lors facile et peu coûteux.

Au sujet de l'article 2 de ce chapitre (grosses réparations, locations de bureaux, annexes, location d'une villa), il a déjà été exposé ce qui devait être dit : insister serait ligne perdue.

---

(1) Les Assemblées financières ont augmenté : le chap. 7 de 137.000 fr. et le chap. 9 de 71.000 fr.

Le chapitre 13 (page 282), apparait sous un nouveau libellé : « travaux neufs et acquisition de matériel et de mobilier des lignes rachetées à la Compagnie Algérienne. Crédit facultatif demandé : 320.000 francs.

C'est une des conséquences de la réforme du régime des chemins de fer et la reproduction du crédit figurant au budget de l'exercice métropolitain en cours.

L'administration prétend qu'il s'agit de dépenses d'établissement qui ne sauraient être comprises dans le budget de l'exploitation de la régie.

Comment ! des travaux d'établissement sur une ligne ayant déjà un nombre respectable d'années d'existence, et sur laquelle on n'a pas construit un kilomètre de plus ; sur une ligne rachetée par l'Etat en 1900, exploitée depuis le 1er Janvier 1901 !..... l'assertion paraitra à beaucoup fantaisiste (1).

Avec le chap. 15 (p. 282), apparait la grosse charge afférente à la participation de l'Algérie dans les dépenses de la garantie d'intérêts des chemins de fer d'intérêt général, ci : 680.000 frs., et pas un mot d'explication en plus.

Si ; dans l'exposé des motifs (p. 19), M. le Gouverneur Général s'exprime ainsi à ce sujet :

« Dans les précédents budgets...on avait porté en dépense le montant
« total de la garantie d'intérêt, tandis que, d'autre part, figuraient en
« recettes, la subvention de la métropole, plus le produit net présumé et
« c'est de la comparaison des chiffres ainsi inscrits de part et d'autre,
« que ressortait l'excédent de dépense à la charge de l'Algérie. »

C'était là de la comptabilité claire, sans équivoque...mais, ajoute le Gouverneur Général :

« Il a paru, en dernier lieu, plus rationnel de s'en tenir à l'inscription
« pure et simple de cet excédent. Ce mode se concilie mieux avec les règles
« adoptées pour le paiement des garanties aux compagnies. »

Evidemment, ce mode est expéditif, commode ; il a de nombreux avantages y compris celui d'être osbcur : Eclaircissons un peu.

Le rapport de M. Bourat, p. 40, expose comme il suit la situation, relative à 1903, dans l'exploitation des chemins de fer algériens.

Recettes......................	30.930.751 fr. 54
Dépenses réelles.............	23.231.462 fr. 33
Différence...................	7.699.289 fr. 21
Revenu garanti..............	25.707.148 fr. 56
Garanties à payer.	18.007.859 fr. 35

La Métropole doit pour 1905, fournir à l'Algérie 18 millions de subvention ; dans les conditions précitées d'exploitation, elle établit donc l'équilibre.

Sur quoi établit-on alors cette prévision de 680.000 fr. au titre d'insuffisance de garantie ?

---

(1) Les crédits de l'article 13 ont été cependant portés à 955.000 fr.

Serait-ce par hasard pour couvrir les frais du chemin de fer de Duveyrier ?

Dans cette hypothèse, n'est-ce pas au budget des territoires autonomes du Sud qu'il conviendrait de s'adresser ?

Voudrait-on tenir compte d'une moins value possible ? La moyenne de la garantie des 5 dernières années est en effet de 18.275,527. Mais depuis 1901, la décroissance des insuffisances est continue : ce n'est donc pas de ce côté qu'il faut chercher l'explication.

La question serait-elle indiscrète ? Le sujet en vaut cependant la peine car il s'agit d'un demi million et plus, qui dans le cas tomberait dans les annulations et les immobilisations de la réserve (1).

Au chapitre 15 (p. 282) est inscrite la subvention aux départements et communes pour concessions de tramways ou chemins de fer d'intérêt local.

La différence en plus est de 80.000 fr. ; la seule ligne de Bône La Calle exige un crédit de 85.000 fr. d'après les résultats de l'exploitation provisoire de ces 80 kilomètres ! Cela n'est pas un résultat brillant. Ce serait à vendre les rails aux vieux fers et à substituer le mode automobile de la propulsion continue.

**

La SECTION VIII (agriculture, commerce et colonisation, page 286) est l'objet d'augmentations de crédit assez considérables : 666.976 frs., qui se réduisent à 519.476 si l'on tient compte des diminutions intervenues.

L'une de ces grosses dépenses a trait à la création d'une école coloniale d'Agriculture, ci : 300.000 fr. (ch. 2, p. 292) à installer, dit-on, sur une propriété chère à un délégué financier de Maison-Carrée.

Beaucoup estiment qu'il y aurait un intérêt supérieur à envoyer dans les écoles spéciales de la France, les jeunes gens nés et élevés en Algérie. Contrairement à cette opinion, le courant prépondérant dans les hautes sphères s'exerce comme s'il se proposait de différencier plus encore la mentalité algérienne de l'esprit français !

Sans doute, il y a quelque chose à faire pour l'instruction agricole, et il convient de dépenser d'autant plus largement dans cet ordre d'idées que le sacrifice sera fécond, rémunérateur. Mais ce n'est pas dans la voie de la pédagogie théorique qu'il faut se diriger. Ce qu'il faut, ce sont des écoles professionnelles d'ouvriers agricoles, aussi bien pour les indigènes que pour les européens, car en dernière analyse, c'est de l'ouvrier, de celui qui met la main à la pâte, au sécateur, à la pioche, à la charrue, que dépend en réalité le succès de la récolte.

La surveillance comme le capital sont indispensables ; le talent résultant d'une instruction supérieure est certainement utile, car il entraine les

____

(1) Les Assemblées financières ont voté 1.115.000 fr. pour les crédits alloués à ce chapitre 14. D'autre part, les rapporteurs de la question des chemins de fer algériens au Sénat, affirment que la garantie d'intérêt à payer n'excède pas 16 millions...... En vérité, il est difficile de se guider au milieu de ces contradictions.

traditions dans les évolutions, dans le progrès ; mais, en agriculture, l'apprentissage du métier est non moins indispensable que dans l'exercice de toute autre profession d'artisan.

Nul ne songera à s'improviser tailleur de pierres, coupeur d'habits, ajusteur de machines, s'il n'a préalablement appris sa profession dans un atelier ou dans une école professionnelle.

On ne peut davantage s'improviser tailleur, laboureur, maraîcher, et si beaucoup de vignes dépérissent, pour ne citer qu'un exemple, il faut dans la majeure partie des cas en rapporter la cause à l'ignorance, à la brutalité, à la maladresse opératoire des tailleurs.

Plus d'une culture pourrait être entreprise sur bien des lieux, alors que l'inhabileté de la main-d'œuvre en empêche la réalisation. Cela est de l'histoire courante ; ce sont les vrais obstacles à la colonisation, c'est-à-dire à l'exploitation profitable des terres, les obstacles indéniables qu'il conviendrait d'éliminer.

Au lieu de consacrer 300.000 francs à une école coloniale d'agriculture, où il ne sera rien enseigné qu'on ne connaisse aussi bien dans les écoles similaires de la France, qui ne produira que des gérants à la recherche d'emplois, ou des apprentis professeurs en quête d'autres écoles extra-coloniales, installez aux divers coins de l'Algérie des écoles professionnelles d'ouvriers agricoles : ainsi, très économiquement, vous ferez œuvres profitables pour la mise en valeur des terres, œuvres pies à l'égard des prolétaires du monde européen comme du monde musulman.

Il est vrai qu'un autre but est également poursuivi. M. le délégué Thuillier l'avoue simplement dans son rapport.

« L'école d'agriculture, écrit-il, ne doit pas être seulement un centre
« d'enseignement pour les élèves.

« Ce doit être surtout un centre d'études pour le personnel agricole de
« de la colonie, qui doit être mis à même d'étudier les questions agricoles
« intéressant le pays et leur donner des solutions qui n'ont jamais été
« trouvées sous le régime de dispersion actuel.

« C'est de là que doivent sortir les données pratiques permettant aux
« colons d'entreprendre sans tâtonnements des plantations, des cultures
« nouvelles, des entreprises d'élevage, etc.

« Faute d'efforts coordonnés nous ne possédons actuellement aucune
« donnée certaine sur les variétés d'arbres à cultiver, sur leur culture
« méthodique, sur les semences à employer, sur les procédés d'élevage et
« d'utilisation des produits animaux, alors que dans des pays analogues au
« nôtre, en Italie, au Cap de Bonne Espérance, en Australie, tous ces
« renseignements sont recueillis grâce à l'impulsion donnée par des établis-
« sements analogues à celui dont nous demandons la création. »

Les écoles supérieures d'Alger suffisent assez à tout cela pour qu'il soit inutile d'enfouir d'énormes fonds dans une nouvelle pépinière..... de fonctionnaires, sur les soixante hectares choisis qui ne se prêtent du reste aucunement, aux multiples applications du programme cultural si brillamment énoncé.

M. Thuillier cite l'exemple de l'étranger et nous convie à l'imiter. Suivons-le sur ce terrain. C'est en effet dans les universités que l'enseignement agricole est généralement donné, en laissant aux instituts spéciaux agricoles le rôle d'école normale de professorat agricole. Dans la majeure partie des universités des États-Unis, il y a des chaires agricoles qui permettent de réaliser un cycle d'études supérieures. Au Canada, les deux principales universités s'occupent d'enseignement supérieur agricole. En Finlande, on va créer cette année, à Helsingfors, quatre chaires de sciences agricoles. En Angleterre, depuis quatre ans, les anciennes universités sont entrées dans cette voie et confèrent des diplômes relatifs à l'enseignement supérieur de l'agriculture. En Belgique, l'université de Louvain fait de même. Ce sont presque exclusivement les universités qui en Allemagne ont la charge de l'enseignement supérieur agricole.

Par l'université, l'enseignement agricole est ouvert à tous ; c'est la formule des pays démocratiques. C'est le vrai moyen de diffuser dans les campagnes les méthodes scientifiques et encore d'abaisser les préjugés entre les carrières libérales et la carrière du Terrien.

Le Congrès international d'agriculture, réuni en 1900, saisi de cette question de l'enseignement agricole, a émis le vœu suivant présenté par M. Grosjean, inspecteur général de l'agriculture :

« Il est désirable que les universités orientent de plus en plus leur « enseignement vers les applications des sciences à l'agriculture. »

Au Congrès international de l'Enseignement agricole, des conclusions analogues ont été adoptées :

« L'enseignement agricole doit comprendre dans les universités :

« 1° des cours spéciaux de sciences appliquées : chimie agricole, physio- « logie végétale, bactériologie, entomologie appliquée, pathologie végétale, « législation et économie rurales, industries agricoles, etc. ;

« 2° des laboratoires et des champs d'expériences pour y faire les études « et les recherches agronomiques rentrant dans le programme des chaires « de sciences agricoles ;

« 3° Cet enseignement théorique et scientifique doit être absolument « distinct de l'enseignement professionnel. »

Les universités de Besançon, Bordeaux, Caen, Clermont, Dijon, Grenoble, Lille, Lyon, Marseille, Montpellier, Nancy, Poitiers, Rennes, Toulouse, sont résolument entrées dans cette voie en vue de développer et de diriger les recherches scientifiques appliquées aux questions agrico'es et de disséminer le haut enseignement chez les agriculteurs (1).

Ce n'est pas au moment où de toute part, on conclut à l'utilité de la collaboration des universités à l'enseignement de l'agriculture qu'il paraît opportun d'adopter une orientation différente, de créer une « chapelle dissidente » au lieu de faire converger tous les efforts financiers vers le centre d'enseignement supérieur déjà constitué.

---

(1) Edmond Gain, maître de conférences à la Faculté de Nancy, secrétaire au Congrès international de l'Enseignement agricole.

Les crédits du service botanique sont inscrits au ch. 4 (p. 292), en augmentation de 6.000 francs sur le budget de 1904.

La station agronomique de Rouïba absorbe à elle seule 31.000 francs.

Si l'on considère le chiffre du personnel, la superficie sur laquelle il opère, les résultats pratiques obtenus et les services réels rendus, on estimera sans doute qu'une grâce Mécènienne spéciale s'étend sur ce champ béni du budget algérien.

L'institution aura désormais la personnalité civile : Valeat !

Le service vétérinaire sanitaire fait l'objet du nouveau chapitre 5 (p. 294).

Les crédits relatifs à cette branche sont de 373.460. Ils alimentaient autrefois un fonds commun spécial qui est incorporé désormais au budget. Cette dépense considérable est couverte et au-delà par la recette corrélative, puisque le fonds commun vétérinaire sanitaire institué par décret du 12 Novembre 1887 présentait au 31 Décembre 1903, un excédent de recettes de 579.592 francs, soit un boni de 36.000 francs par an.

Le décret semblait spécifier qu'il ne s'agissait pas, dans l'espèce, d'un impôt déguisé frappant l'élevage.

L'incorporation du fonds commun dans le budget, modifie le principe et avec le relèvement de la taxe à 0 fr. 25 par mouton exporté, c'est dorénavant un véritable impôt à l'exportation.

Le service du fonds commun vétérinaire dépensait 345.000 francs ; l'organisation nouvelle élève ces frais à 373.460 francs, bien qu'elle diminue de 2 le nombre des vétérinaires du service. En revanche, elle augmente le traitement des chefs ; inutile de dire que sa bienveillance ne s'étend pas jusqu'aux petits employés, mais pour être juste, il convient de mentionner qu'elle porte de 95.000 francs à 130 000 francs les honoraires des vétérinaires clavelisateurs.

Les mauvaises langues en disent long sur ces opérations, mais comme il faut en passer par là ou cesser d'exporter, mieux vaut ne pas insister.

Aussi bien cette année il y aura des déboires, par le fait de la longue sécheresse automnale suivie d'une période d'inondation.

Le chap. 11 (p. 298) : avances aux caisses régionales de crédit agricole, ne mentionne aucun crédit prévu.

Il existe cependant des caisses régionales : mystère et comptabilité.

Au chapitre 13 (p, 300) : Eaux et forêts, il y a lieu de constater un complément colonial de 1000 fr. pour un préposé. Toujours la même observation : pourquoi ne pas tourner la difficulté qui constitue une charge pour le budget algérien et une injustice pour les agents régionaux ?

La nomination des agents dépendant du Gouverneur Général, la solution est simple ; elle ne relève que de sa décision.

Chap. 25, (p. 308) : Contrôle et réglementation du travail dans l'industrie,

Il est prévu une indemnité de 6.000 fr. pour les membres de la commission consultative du travail émanant des Bourses du Travail et des Conseils de Prud'hommes. Cette indemnité qui est de 10 fr. par jour de session, augmentée des frais de voyage ne vise que les membres ci-dessus spécifiés. Pourquoi pas les autres ?...... L'égalité par l'inégalité !

Les travaux proprement dits de colonisation (ch. 33, p. 312), conservent en réalité le même crédit, bien qu'il apparaisse diminué de 154.000 francs, rendus par les fonds d'emprunt et de 100,000 francs, constituant le chapitre nouveau 34 sous la rubrique : personnel du service spécial de la colonisation.

Ce chapitre 34 (p. 312), est doté de 145.700 francs, de sorte que la réalisation des 1.534.725 francs de travaux de colonisation coûte 145.700 francs, soit 10 0/0.

Le chapitre 35 (p. 312), office des renseignements généraux et de la colonisation est au beau fixe : 50.000 francs. Tout ce qu'on peut souhaiter, c'est que la pression ne monte pas !

Les chapitres 36 et 37 visent les frais de passages des fonctionnaires, des colons, des missions dans l'intérêt de la Colonie — qui n'est pas missionnaire de quelque obédience ! — etc., etc. soit........ 150.000 fr.

En ajoutant les passages de l'instruction publique..... 65.000 fr.

cela fait........ .... 215.000 fr.

On pourrait se demander — en raison de la progression — s'il ne serait pas préférable de fréter, pour un jour déterminé, un de ces beaux paquebots transatlantiques qui, sans coûter plus cher, pourvoierait à l'exode annuel de tous ceux qui veulent aller respirer l'air salutaire de la France.

Au moins, il n'y aurait plus de compétitions, de passe-droits, de jaloux !

*
* *

Section IX. Dépenses éventuelles.

Pour 1903.. 3'0.000 fr.
Pour 1904.. 350.000 fr.
Pour 1905.. 350.000 fr.

Or, le budget de 1903 accuse des excédents et des plus-values sur les sections et chapitres compris à la nomenclature de ceux pouvant donner lieu à des prélèvements sur la section IX, donc, le crédit de 350.000 francs pour 1904 sera également trop élevé, il donnera lieu à un excédent ; par conséquent, le crédit de la section IX pour 1905 devrait être ramené au-dessous de celui fixé pour 1904.

Inutile, à l'avance, d'inscrire des crédits superflus tombant inéluctablement dans les immobilisations de la Réserve.

---

(1) Les assemblées financières ont rétabli ce crédit de 154.000 fr.

Section XI. Dépenses extraordinaires (p. 326).

Emploi des fonds d'emprunt : onze millions de crédits, plus 100.000 francs affectés aux frais d'émission.

Voici la répartition de ces crédits :

7.100.000 fr. pour les travaux publics.
2.600.000 fr. pour les travaux de colonisation.
1.200.000 fr. pour les travaux forestiers.
  100.000 fr. pour frais d'émission.

Cette somme de 11 millions, jointe aux crédits ouverts en 1902, 1903, 1904, complète les prévisions d'utilisation des 30 millions empruntés.

A cette heure, qu'a-t-il été réellement dépensé ?

Une note explicite aurait été désirable : on ne trouve nulle part d'indications. Il n'existe à ce sujet, — qui est le plus important du budget — aucune pièce ou publication officielle. Mais les comptes administratifs, répondra-t-on ?

Autant parler du règlement des comptes dans la vallée de Josaphath.

Du reste la haute fantaisie en fait de comptabilité d'Etat, est d'excellente mise..... L'Algérie ne fait que suivre la tradition métropolitaine. La comptabilité ! me disait un délégué kabyle, mais c'est une « chebkah » aux mille fissures où secrètement disparaissent les fonds.

Je cite :

En 1892, le Ministre de la Guerre enlevait irrégulièrement aux troupes 423.266 fr. pour la solde d'officiers détachés au Ministère.

Celui de l'agriculture, retenait à Paris, comme rédacteur, un sous-directeur de l'école de Rouïba.

La communication téléphonique entre les Cabinets de la Guerre et de la Marine est inscrite aux dépenses de l'expédition du Tonkin.

Le directeur des Arts et Antiquités en Tunisie, recevait des émoluments annuels de 4.500 fr. comme chargé d'un cours complémentaire d'archéologie, à la faculté des lettres de Nancy, à laquelle il n'appartenait que fictivement et n'apparut jamais.

Il y eut aussi une école pratique de langues vivantes, créée à Paris en décembre 1893, pour expliquer les méthodes nouvelles de deux initiateurs, avec traitement de 5.000 fr. pour chacun d'eux. Il le reçurent deux ans : pendant ce délai, l'un fut malade et l'autre juge de paix en Calvados !

Pendant 14 ans, de 1886 à 1890, le Ministère des travaux publics versa une indemnité annuelle de 6.000 fr. à un agent qui avait quitté le service.

Le Ministère de l'Agriculture chargeait en même temps, moyennant 4.000 fr. par an, un consul, à l'étranger, d'étudier l'état de la propriété en France.

En 1901, le vice-consul de Moscou recevait mandat, rétribué, d'observer l'extension du trafic des Etats-Unis avec leurs possessions, tandis qu'un ministre au Guatemala avait à rendre compte, moyennant finances, du régime financier des divers pays d'Europe.

J'en passe.... et de plus bizarres, de plus inconcevables.

« Nous serions d'avis de fortifier le contrôle financier — dit M. le Député « Jonnart dans son rapport du 12 juillet 1892 sur le budget de l'Algérie — « et à ce point de vue, l'assimilation avec la Métropole, ne sera jamais trop « étroite. »

M. le Gouverneur général Jonnart a maintenant la possibilité de faire prévaloir ses idées et de les mettre à exécution. Qu'il fasse donc cesser l'arbitraire, les superfétations onéreuses, l'abus des virements, toute cette tactique pour la curée qui fait des votes « émis des décisions de façade, « enlève toute sincérité aux budgets et, considération non moins grave, en « exclue toute économie. Le dédain des fixations légales, du souci de « l'épargne, l'habitude des dépenses irrégulières incite l'administration « aux actes de mauvaise gestion, à ces gaspillages néfastes qui finissent « par dépouiller et révolter le citoyen. » C'est la politique financière des Etats en déliquescence et nous pourrions désespérer du pays, si l'histoire ne prouvait pas que la race française a su toujours se régénérer.

Les chapitres 5 et 6 de la section (p. 326), visent l'emploi des excédents des fonds de réserve.

Le chap. 5 : subvention aux communes pour participation aux établissements publics d'enseignement primaire : 800.000 francs.

Le chap. 6 : nouvelle installation des services de la Douane : 400.000 fr.

C'est derrière la Ligue de l'Enseignement que le nouvel édifice doit être construit. C'est sans doute fort bien. On pourrait concevoir autre chose, par exemple la concentration autour de la place du Gouvernement ou d'un autre centre, de tous les édifices administratifs. Là ou ailleurs ; c'est le principe de centralisation des services autour d'un même point qu'il paraîtrait rationnel d'adopter, dès l'instant qu'on se propose du nouveau et du mieux, en dehors des errements anciens.

Ch. Fourrier dit quelque part que le principe d'analogie mérite d'être considéré comme une loi universelle.

Si l'axiome est vrai — l'empirisme montre qu'il est d'une utilisation féconde — il convient de l'appliquer.

Dans la vie animale, il est un organe central, le cœur, dans lequel se concentre le flux et le reflux de la circulation sanguine.

Dans la machine administrative, l'ordre des choses veut comme dans la machine animale, un point central de convergence et d'irradiation : sans faire table rase de ce qui existe, les projets peuvent tendre vers la constitution de ce cœur central.